FRE
Lingo Learner

Drew Launay

Xenophobe's Guides

Published by Xenophobe's® Guides.

Telephone: +44 (0)20 7733 8585
E-mail: info@xenophobes.com
Web site: www.xenophobes.com

Copyright © Xenophobe's® Guides Ltd., 2017
All rights reserved, including the right of
reproduction in whole or in part in any form.

Printed 2017

Editor – Catriona Tulloch Scott
Series Editor – Anne Tauté
Language Consultant – Graham Green

Illustrator – Charles Hemming

Cover Designers – Jim Wire & Vicki Towers

Xenophobe's® is a Registered Trademark.

The Xenophobe's® Guide to The French
makes the perfect companion to this French
Lingo Learner.

Print ISBN: 978-1-903096-28-4

Contents

Introduction	1
Pronunciation	1
The Alphabet	4
Forget Grammar	4
Possible Pitfall	5
Essential Words to Remember	5
Less Essential But Jolly Useful Words and Phrases	6
The Family	7
Numerals	8
Days of the Week, etc.	9
Time	10
Emergencies	12
At the Police Station	13
At the Chemist	15
At the Herbalist	16
At the Doctor	17
At the Hospital	18
At the Dentist	19
At the Optician	20
Getting About	21
By Bus	21
By Train	22
On Foot	24
By Taxi	25
By Car	26
Parking	27
Car Trouble	28
Road Rage	29
Getting a Bed	30

Getting Service	33
At the Newsagent	33
At the Hair Stylist	34
At the Barber	35
At the Post Office	35
At the Bank	37
Getting Something to Eat and Drink	38
Fast Food	38
Essential Questions to Waiters	40
Slow Food	41
Having Fun	43
Sight-seeing	43
At the Cinema	45
At the Theatre	45
At the Cabaret	46
At the Disco	47
At the Club	47
At the Casino	48
At the Massage Parlour	49
On the Beach	50
Shopping	51
At the Boutique	53
Sex	54
Mature Male to Mature Female	54
Mature Female to Gigolo	54
Sugar Daddy to Nymphette	54
Young Stud to Bimbo	55
Little Minx to Young Stud	55
Sweet Young Thing to Macho	56
Public Notices You May Come Up Against	56
Phrases You May Hear	58
Last Words	60

Introduction

When abroad you have to expect foreigners. Most of these foreigners will not speak English. Worse, to them, you are the foreigner.

This book aims to help you overcome this setback and cope with the unexpected difficulties that may arise should you need to communicate with the natives.

Phrases are given in English. Then French in *italics*. Then pronunciation for the English tongue is set out in **bold** type.

Fast French can make all the difference. The quicker you say the bits in bold, the bolder you will become, and the more likely you are to convince the natives that what they are hearing is in fact their own language.

Pronunciation

The French that is spoken varies all over the country and the intonations heard in Paris are not the same as those heard in Lyons or Bordeaux or Marseilles, so it is not easy trying to understand what is said to you.

Far more unsettling than this however is trying to be understood, for the French make totally different sounds from anyone else. For instance, the sentence:

Les plumes de ma tante chatouillent son nombril.

The feathers of my aunt tickle her tummy button.

sounds like:

Lay / ploom / duh / ma / tarnt / shat too ee / son / nom bree.

It is tricky for anyone over the age of ten to alter the shape of their nasal cartilage, palate, tongue, throat or vocal chords to cope with French enunciation. For example:

an is not pronounced '**anne**' but by a noise similar to that emitted when one is hit hard in the solar plexus. A sort of '**Ahh**'. *En* is the same.

ain as in *pain* (bread) is made when holding your mouth open for a doctor to look at your tonsils with a spatula.

œ as in *bœuf* (beef) and *œuf* (egg) is pronounced '**er**' as in 'What on erf?'.

eu is similar, e.g:
A tout à l'heure. **Ah / toot / ah / lerr**. See you later.

je (meaning 'I') is pronounced exactly like the soft reverberative sound you get at the start of the word for the predatory playboy that haunts the Riviera, 'gigolo'.

The same sound can also found at the end of words, heavily disguised as '*ge*', e.g: *plage* (**beach**), which rhymes with the first bit of the Mahal – Taj.

r the French '*r*' is unique and is vibrated in the back of the throat – the part you use when having a good gargle.

s at the end of a word to make it plural is not pronounced, e.g:

Les femmes aiment les fleurs.
Lay / fam / aim / lay / fluh.
Women love flowers.

unless it comes before a word that starts with a vowel, e.g:

Il est très offensif.
Eel / ay / trays / oh fon seef.
He is very nasty.

To overcome all these basic problems, this book opts for the easiest way out. Forget trying to sound French and go for sounding like someone who normally speaks English. Thus should you comment:

It has been so cold in my friend's house for five days that the dog turned blue.

Il faisait tellement froid dans la maison de mon ami pendant cinq jours que son chien est devenu bleu.

everyone will understand you perfectly well if you say it like this:

Eel / fay zay / tell mon / froo ah / don / la / maze on / duh / mon / am mee / pond on / sank / joor / cuh / son / shee an / ay / duh vuh noo / bluh.

This will not only simplify matters, but may encourage the French to make an effort and listen to what you are trying to say.

The Alphabet

On occasions you may be asked to spell your name, or need to give your address when ordering a take-away camembert. For this you should know the sounds of individual letters:

A	**ah**	H	**ash**	O	**oh**	U	**oo**
B	**beh**	I	**ee**	P	**pay**	V	**vay**
C	**ceh**	J	**gee**	Q	**koo,** or	W	**doob love ay**
D	**deh**	K	**car**		**kew**	X	**eeks**
E	**eh**	L	**ell**	R	**air**	Y	**ee greck**
F	**eff**	M	**em**	S	**ess**	Z	**zed**
G	**jeh**	N	**en**	T	**teh**		

Forget Grammar

English is unisex. No notice is taken of whether a person is male or female. In French this matters, so much so that animals, vegetables, minerals and all sorts of other things are given a male or female gender.

For example, a cat is male (*LE chat* – **luh shah**), but a mouse is female (*LA souris* – **la sue ree**). A cabbage is male (*LE chou* – **luh shoo**) but a potato is female (*LA pomme de terre* – **la pom duh tare**). Sand is masculine (*LE sable* – **luh saab bluh**) but beach is feminine (*LA plage* – **la plarj**).

Grammar rules abound, and exceptions to these rules abound even more. Ends of words differ the whole time, some letters are pronounced, others disappear entirely – all of which will divert you from what you want to say. So the best thing is to ignore grammar altogether and sleep at night.

Possible Pitfall

Un baiser (noun) (**urn / bay say**) is a kiss and *baiser* (verb) is to indulge in sexual intercourse, so avoid '*Baisez moi*' (**bay say / moo ah**), unless you are intent upon just that.

Essential Words to Remember

Very nearly everything can be mimed. You can nod your head for 'yes'. Shake your head for 'no'. You can hold up fingers for numbers, and point rudely at anything you wish to indicate. You cannot, however, mime colours, the past, the present or the future.

If you lost a yellow hold-all at an airport yesterday, you can convey lost by looking desperate, hold-all by drawing a rectangle in the air and miming a hand gripping it. You can convey an airport by making a noise like an aeroplane and extending your arms, but yellow and yesterday are tricky. The following should therefore be kept handy.

Black	*Noir*	**Noo are**
White	*Blanc*	**Blong**
Red	*Rouge*	**Rooj**
Orange	*Orange*	**Oh ronge**
Yellow	*Jaune*	**Joan**
Green	*Vert*	**Vair**
Blue	*Bleu*	**Bluh**
Violet	*Violet*	**Vee oh lay**
Brown	*Marron*	**Ma rong**
Yesterday	*Hier*	**Ee air**
Today	*Aujourd'hui*	**Oh joor doo ee**
Tomorrow	*Demain*	**Duh man**

You may also need the phrase:

That is not mine.
Ça n'est pas à moi.
Sah / nay / paz / ah / moo ah.

Less Essential But Jolly Useful Words and Phrases

Yes   *Oui*   **Oo ee**
No   *Non*   **Gnaw**

Please   *S'il vous plaît*   **Seal / voo / play**
Thank you   *Merci*   **Mare sea**

Hallo   *Allo*   **Ah low**
Goodbye   *Au revoir*   **Oh / rur voo are**

Good morning   *Bonjour*   **Bong / joo er**
Good afternoon   *Bonne après-midi*   **Bon / ah pray mee dee**
Good evening   *Bonsoir*   **Bong / sue are**
Good night   *Bonne nuit*   **Bon / noo ee**

Sod off.
Va t'en.
Va / tong.

Toilets (always an embarrassing one to mime):

La toilettes   **La / too ah let**, or
Le W.C.   **Luh / Doob love ay Say**.

I beg your pardon.
Je vous demande pardon.
Juh / voo / duh mond / par dong.

6

Excuse me.
Excusez moi.
Ex coo zay / moo ah.

The Family

Sooner or later you will be invited to a gastronomic event in a restaurant at which there will rarely be less than ten people around the table. As all of them will somehow be related, it will be helpful to understand who is who when introduced.

Wife	*Femme*	**Fum**
Husband	*Mari*	**Ma ree**
Mother	*Mère*	**Mare**
Father	*Père*	**Pair**
Daughter	*Fille*	**Fee**
Son	*Fils*	**Feess**
Sister	*Soeur*	**Sir**
Brother	*Frère*	**Frair**
Grandma	*Grand-mère*	**Gron mare**
Grandpa	*Grand-père*	**Gron pair**
Aunt	*Tante*	**Tarnt**
Uncle	*Oncle*	**Onk luh**
Niece	*Nièce*	**Knee ess**
Nephew	*Neveu*	**Nuh vur**
Cousin (male)	*Cousin*	**Coo zang**
Cousin (female)	*Cousine*	**Coo zeen**
Mistress	*Maîtresse*	**May tress**
Lover	*Amant*	**Ah mon**

How do you do.
(Literally: Pleased to make your acquaintance.)
Enchanté de faire votre connaisance.
On shon tay / duh / fair / vot rah / con nay sonce.

Why does your mother look at me that way?
Pourquoi votre mère me regarde comme ça?
Poor coo ah / vot rah / mare / muh / regard / com / sah?

Numerals

One	*Un*	**Urn**
Two	*Deux*	**Der**
Three	*Trois*	**True ah**
Four	*Quatre*	**Cat rah**
Five	*Cinq*	**Sank**
Six	*Six*	**Cease**
Seven	*Sept*	**Set**
Eight	*Huit*	**Oo wheat**
Nine	*Neuf*	**Nurf**
Ten	*Dix*	**Deece**

Eleven	*Onze*	**Onz**
Twelve	*Douze*	**D'ooze**
Thirteen	*Treize*	**Trays**
Fourteen	*Quatorze*	**Cat oars**
Fifteen	*Quinze*	**Cans**
Sixteen	*Seize*	**Says**
Seventeen	*Dix-sept*	**Dee set**
Eighteen	*Dix-huit*	**Dee sweet**
Nineteen	*Dix-neuf*	**Dees nurf**
Twenty	*Vingt*	**Van**

Twenty one	*Vingt-et-un*	**Van tay urn**
Twenty two	*Vingt deux*	**Van / der**
Twenty three	*Vingt trois*	**Van / true ah** … etc.

Thirty	*Trente*	**Trarnt**
Forty	*Quarante*	**Car aunt**
Fifty	*Cinquante*	**Sank aunt**
Sixty	*Soixante*	**Sue was aunt**
Seventy	*Soixante-dix*	**Sue was aunt dees**
Eighty	*Quatre-vingts*	**Cat rah van**
Ninety	*Quatre-vingt-dix*	**Cat rah van dees**

One Hundred	*Cent*	**Song**
Two hundred	*Deux cents*	**Der / song**
Three hundred	*Trois cents*	**True ah / song**
Four hundred	*Quatre cents*	**Cat rah / song**
Five hundred	*Cinq cents*	**Sank / song** … etc.

One thousand	*Mille*	**Meal**
Two thousand	*Deux mille*	**Der / meal** … etc.
One hundred thousand	*Cent mille*	**Song / meal**
One million	*Un million*	**Urn / meal ee on**

First	*Premier*	**Prem me ay**
Second	*Deuxième*	**Der see em**
Third	*Troisième*	**True ah see em**
Fourth	*Quatrième*	**Cat ree em**
Fifth	*Cinquième*	**Sank ee em**
Sixth	*Sixième*	**Sees ee em**
Seventh	*Septième*	**Set ee em**
Eighth	*Huitième*	**Oo eat ee em**
Ninth	*Neuvième*	**Nerve ee em**
Tenth	*Dixième*	**Dizzy em**

A quarter	*Un quart*	**Urn / car**
Half	*La moitié*	**La / moo ah tea ay**

Days of the Week, etc.

A day	*Un jour*	**Urn / joor**
Two days	*Deux jours*	**Der / joor**
A week	*Une semaine*	**Oon / sir main**
A fortnight	*Quinze jours*	**Cans / joor**
Three weeks	*Trois semaines*	**True ah / sir main**
A month	*Un mois*	**Urn / moo ah**
Two months	*Deux mois*	**Der / moo ah**
A year	*Un an*	**Urn / on**
Two years	*Deux ans*	**Ders / on**
Monday	*Lundi*	**Learn dee**
Tuesday	*Mardi*	**Mar dee**
Wednesday	*Mercredi*	**Mare crur dee**
Thursday	*Jeudi*	**Jur dee**
Friday	*Vendredi*	**Von drur dee**
Saturday	*Samedi*	**Psalm er dee**
Sunday	*Dimanche*	**Dee munch**
January	*Janvier*	**Jon vee ay**
February	*Février*	**Fave ree ay**
March	*Mars*	**Mars**
April	*Avril*	**Av reel**
May	*Mai*	**Meh**
June	*Juin*	**Joo urn**
July	*Juillet*	**Joo ee ay**
August	*Août*	**Oot**
September	*Septembre*	**Set arm bra**
October	*Octobre*	**Ock tob bra**
November	*Novembre*	**Nov arm bra**
December	*Décembre*	**Days arm bra**
Spring	*Printemps*	**Pran tom**
Summer	*Eté*	**Ay tay**
Autumn	*Automne*	**Oh ton**
Winter	*Hiver*	**Eve air**

Time

Midday	*Midi*	**Mee dee**
Midnight	*Minuit*	**Mee noo ee**
Morning	*Matin*	**Mat tan**
Afternoon	*Après-midi*	**Ah pray / mee dee**
Evening	*Soir*	**Sue are**
Night	*Nuit*	**Noo ee**

Nine o'clock. *Neuf heures.* **Nurf er**.
Quarter past nine. *Neuf heures et quart.* **Nurf / er / ay / car**.
Half past nine. *Neuf heures et demi.* **Nurf / er / ay / der me**.

Twenty to ten. *Dix heures moins vingt.*
Dees / er / moo one / van.

Quarter to ten. *Dix heures moins le quart.*
Dees / er / moo one / luh / car.

Ten a.m. *Dix heures du matin.* **Dees / er / dew / mat tan**.
Ten p.m. *Dix heures du soir.* **Dees / er / dew / sue are**.

With the confidence you have now acquired by using English to speak French you should be able to tackle the following:

On Wednesday 2nd July last summer, at half past three in the afternoon, Pierre surprised his wife in bed with the postman but forgave her because she served him an exceptional fish soup for supper.

Le mercredi deux Juillet l'été dernier, à trois heures et demi de l'après midi, Pierre a surpris sa femme au lit avec le facteur, mais l'a pardonnée quand elle lui servit une bouillabaisse exceptionelle pour son dîner.

Work out the pronunciation for yourself.

Emergencies

Help! *Au secours!* **Oh / sir coor!**

Call for a doctor.
Appelez un médecin.
Ah pearl ay / urn / may duh san.

Call for an ambulance.
Appelez l'ambulance.
Ah pearl ay / larm boo lance.

Call for the police.
Appelez la police.
Ah puh lay / la / police.

Call for a funeral director.
Appelez les pompes funèbres.
Ah puh lay / lay / pomp / foo nair bra.

I am about to be sick; give birth; collapse (literally: fall among the apples).
Je vais vomir; avoir un bébé; tomber dans les pommes.
Juh / vay / vo meer: **/ ah voo are / urn / bay bay**: **/ tom bay / don / lay / pom**.

I have not been drinking, but I am allergic to chitterlings, giblets, and tripe in white wine sauce.
Je n'ai pas bu, mais je suis allergique aux andouilles, aux abats, et aux tripes au vin blanc.
Juh / nay / pah / b'you, / may / juh / sue we / al air jeek / ose / on doo ee, / ose / ah buts, / ay / ose / treep / oh / van / blong.

Contact my relatives. Their address is in my pocket.
Contactez ma famille. L'adresse est dans ma poche.
Contact ay / ma / fam ee. / La dress / ay / don / ma / posh.

I am with my best friend's wife. Please don't tell anybody.
Je suis avec la femme de mon meilleur ami. Ne dites rien à personne.
Juh / sue we / ah veck / la / fum / duh / mon / may year / am mee. / Nuh / dit / ree an / ah / pair sown.

At the Police Station

Au Commissariat de Police
Oh / Commy sah ree at / duh / Police

You are likely to come into contact with one of three types of law enforcement officers all of whom are referred to as '*les flics*' – **lay / fleek**:

La Gendarmerie **La / John dar marie**
La Police Nationale **La / Pol ease / Nassy oh null**
Le CRS **Luh / Say Air Ess**

If you are in difficulties, the following might help:

My car has been towed away.
Ma voiture a été remorquée.
Ma / voo at your / ah / ay tay / ruh more kay.

My car has been broken into and they have stolen:
Quelqu'un est entré de force dans ma voiture et m'a volé:
Kel curn / ate / on tray / duh / force / don / ma / voo ah tour / ay / ma / vol lay:

My luggage	*Mes bagages*	**May / bug arge**
My laptop	*Mon portable*	**Mon / port ah bluh**

My digital camera.
Mon appareil numérique.
Mon / ah pah ray / new may reek.

13

A case of champagne.
Une caisse de champagne.
Oon / kess / duh / shom pan yuh.

My wife's poodle.
Le caniche de ma femme.
Luh / can eesh / duh / ma / fum.

I have been mugged and they have taken my:
On m'a attaqué et ils ont pris:
On / ma / attack ay / ay / eels / on / pree:

Bag	*Mon sac*	**Mon / sack**
Briefcase	*Ma serviette*	**Ma / sair vee ett**
Wallet	*Mon portefeuille*	**Mon / porter fur ee**
Passport	*Mon passeport*	**Mon / passer pore**
Plane ticket	*Mon billet d'avion*	**Mon / bee ay / davvy on**

Credit cards.
Mes cartes de crédit.
May / cart / duh / cray dee.

Everything I have in the whole wide world.
Tout ce que j'ai au monde.
Too / sir / cuh / jay / oh / mond.

Should you be arrested by mistake, for inappropriate behaviour, ask for your nearest Consulate (closed at weekends) thus:

Take me to the Consulate.
Amenez moi au consulat.
Am men nay / moo ah / oh / con sue la.

I wish to speak to your President who is a personal friend of mine.
Je veux parler à mon ami le Président.
Juh / vur / par lay / ah / mon / am mee / luh / pray zee don.

At all times you can always claim that you cannot understand anything anyone is saying:

Je ne comprends pas.
Juh / nuh / comp prong / pah.
I do not understand.

At the Chemist

A la Pharmacie **Ah / la / Far mar sea**

French chemists are medically knowledgeable. For minor problems consult them first:

I have a pain here [then point]. Can you give me something?
J'ai une douleur ici … Pouvez-vous me donner quelque chose?
Jay / oon / doo lur / ee see … / Poo vay voo / muh / don nay / kell cuh / shows?

I need a packet of plasters.
J'ai besoin d'une boîte de pansements.
Jay / buh sue an / dune / boo ut / duh / pons mon.

I have a headache.
J'ai mal à la tête.
Jay / mal / ah / la / tett.

I have a sore throat.
J'ai mal à la gorge.
Jay / mal / ah / la / gorge.

I have a nasty cough.
J'ai une toux affreuse.
Jay / oon / too / aff rurrs.

I'm severely constipated.
Je suis sévèrement constipé.
Juh / sue we / save air mon / con steep ay.

I've got appalling diarrhoea.
J'ai une diarrhée épouvantable.
Jay / oon / dee ah ray / ay poo von tah blur.

Are suppositories really the answer?
Des suppositoires sont vraiment nécessaires?
Day / soup aussie too are / son / vray mon / nay sess air?

At the Herbalist

A l'herboriste **Ah / lair bore east**

French herbalists can usually recommend local remedies that have proved successful in the area for centuries.

What remedy would you recommend for:
Quel remède recommandez vous pour:
Kell / rem maird / ruh command day / voo / poor:

Migraine	*Migraine*	**Mee grain**
Arthritis	*Arthrite*	**Are treat**
Insomnia	*L'insomnie*	**Lan som knee**

Menstruation pains.
Les douleurs de la menstruation.
Lay / doo lur / duh / la / mens true ah see on.

Sunburn	*Coup de soleil*	**Coo / duh / sol lay**
Lethargy	*Léthargie*	**Late ah jee**
Indigestion	*Indigestion*	**Andy jest tee on**
Piles	*Hémorroides*	**Hay more oids**

At the Doctor *Chez le docteur* **Shay / luh / doctor**

I have a serious – constant – spasmodic – pain in my:
J'ai une douleur sérieuse – continuelle – spasmodique – autour de:
Jay / oon / doo lur / sairy erz – con teen noo ell – spaz mod eek / oh tour / duh:

Ear	*Mon oreille*	**Mon / oh ray**
Eye	*Mon oeil*	**Mon / oy**
Mouth	*Ma bouche*	**Ma / bush**
Head	*Ma tête*	**Ma / tett**
Neck	*Mon cou*	**Mon / coo**
Shoulder	*Mon épaule*	**Mon / ay paul**
Heart	*Mon coeur*	**Mon / cur**
Chest	*Ma poitrine*	**Ma / poo ah treen**
Lung	*Mon poumon*	**Mon / poo mon**
Back	*Mon dos*	**Mon / doe**
Spine	*Mon colonne vertébrale*	**Mon / colon / ver tay bra luh**
Arm	*Mon bras*	**Mon / bra**
Thigh	*Ma cuisse*	**Ma / coo ees**
Leg	*Ma jambe*	**Ma / jomb**

Knee	*Mon genou*	**Mon / jur noo**
Ankle	*Ma cheville*	**Ma / shur vee**
Heel	*Mon talon*	**Mon / tah long**
Foot	*Mon pied*	**Mon / pee yay**
Toe	*Mon doigt de pied*	**Mon / doo ah / duh / pee yay**
Rectum	*Mon rectum*	**Mon / wreck tomb**
Genitals	*Mon appareil génital*	**Mon / ah par ray / jay knee tarl**

I have had stomach pains for a week.
Je souffre de l'estomac depuis une semaine.
Juh / soof rer / duh / less toe ma / duh poo ee / oon / sir men.

My urine has turned a deep green.
Mon urine est un vert foncé.
Mon / oo reen / ate / urn / vair / fon say.

I think I am going to die.
Je crois que je vais mourir.
Juh / crew ah / cuh / juh / vay / moo rear.

Are you sure that all these symptoms are caused by a liver attack?
Êtes-vous sûr qu'une crise de foie est la cause de ces symptômes?
Et voo / sewer / coon / kreez / duh / foo ah / ay / la / koz / duh / say / sam tom?

At the Hospital *A l'hôpital* **Ah / lop it al**

I am suffering terribly. Could I have morphine?
Je souffre terriblement. Puis-je avoir de la morphine?
Juh / soof rer / teary bluh mon. / Poo eej / ah voo are / duh / la / morphine?

That was nice. Could I have another shot?
Ça c'était agréable. Puis-je avoir encore une dose?
Sa / say tay / ah gray ah bluh. / Poo eej / ah voo are / on core / oon / doze?

I need a bedpan urgently.
J'ai besoin d'un bassin de lit d'urgence.
Jay / buh zoo an / durn / baz an / duh / lee / door jonce.

Could you give me another blanket bath tomorrow, nurse?
Pouvez-vous me donner encore un bain-de-lit demain, Mademoiselle?
Poo vay voo, / muh / don nay / on core / oon / band early / duh man / madder moo ah zell?

When can I leave?
Quand puis-je partir?
Con / poo eej / par tea ur?

My wife and my mistress are coming to visit me at the same time. Could you tell them I am in a coma?
Ma femme et ma maîtresse vont venir me visiter en même temps. Pouvez-vous leur dire que je suis dans le coma?
Ma / fam / ay / ma / may tress / von / veneer / muh / visit ay / on / maim / tong. / Poo vay voo / luh / deer / cuh / juh / sue we / don / luh / coma?

At the Dentist

Chez le Dentiste **Shay / luh / Don teast**

I have unbearable toothache.
J'ai affreusement mal aux dents.
Jay / aff rurs mon / mal / oh / don.

My filling has fallen out.
Mon plombage s'est détaché.
Mon / plom barge / say / day tash ay.

That hurts!
Ça me fait mal!
Sah / muh / fay / mal!

I insist on an anaesthetic.
J'insiste. Je veux un anesthésique.
Jan cyst. / Juh / vur / urn / ah nest ay seek.

Where do I spit?
Où puis-je cracher?
Oo / poo eej / crash ay?

I have cracked my false teeth eating nuts.
J'ai fendu mes dentures en mangeant des noix.
Jay / fond doo / may / don tour / on / monj on / day / noo uh.

At the Optician

A l'opticien **Ah / lop tea see en**

I've broken my spectacles. Can you replace them?
J'ai cassé mes lunettes. Pouvez-vous les remplacer?
Jay / cass say / may / loo net. / Poo vay voo / lay / rom plass say?

I've lost a contact lens.
J'ai perdu une lentille.
Jay / pair doo / oon / lon tea.

It fell into the onion soup and melted.
Elle est tombée dans la soupe à l'oignon et s'est fondue.
Ell / ay / tom bay / don / la / soup / ah / lon neon / ay / say / fond dew.

I am myopic – I am long sighted.
Je suis myope – J'ai la vue longue.
Juh / sue we / mee op – / Jay / la / view / lawn guh.

What chart, where?
Quelle carte, où?
Kell / cart, / oo?

Getting About

By Bus *En Autobus* **On / Oh toe boos**

Where can I get a bus for Boulogne?
Où est-ce que je peux prendre un autobus pour Boulogne?
Oo / ess sir / cuh / juh / purr / pron dra / urn / oh toe boos / poor / Boo lon knee er?

Does this bus stop at the market?
Est-ce que cet autobus s'arrête au marché?
Ess sir / cuh / set / oh toe boos / sa rett / oh / marsh ay?

Could you tell me where I get off?
Pouvez-vous me dire à quel arrêt je dois descendre?
Poo vay voo / muh / deer / ah / kell / ah ray / juh / doo ah / day sandra?

I was told this bus went to Monte Carlo.
On m'a dit que ce bus va à Monte Carlo.
On / ma / dee / cuh / sir / boos / vah / ah / Monty Carlo.

I am on the wrong bus. Please stop, I want to get off.
Je me suis trompé d'autobus. Pouvez-vous arrêter? Je veux descendre.
Juh / muh / sue we / tromp pay / doe toe boos. / Poo vay voo / ah rett tay? / Juh / vuh / day sandra.

When is the next bus back to Clermont Ferrand?
A quelle heure passe le prochain autobus de retour à Clermont Ferrand?
Ah / kell / er / pass / luh / pro shan / oh toe boos / duh / ruh tour / ah / Claire mon / Fair on?

How long does it take to get there?
Combien de temps ça prend pour y aller?
Com bee an / duh / tom / sar / prong / poor / ee / allay?

Is there any other way I can get to Perpignan?
Y a t'il un autre moyen d'aller à Perpignan?
Ee / at / eel / urn / oh trah / moy an / dallay / ah / Pair pee neon?

By Train *En Train* **On / Tran**

Station   *La gare*   **La / garr**
Platform *Le quai*   **Luh / kay**

What time are the train departures for Arles?
A quelle heure sont les départs de trains pour Arles?
Ah / kell / er / son / lay / day par / duh / tran / poor / Arl?

One ticket for Nîmes.
Un billet pour Nîmes.
Urn / bee ay / poor / Neem.

Two return tickets to Angoûleme.
Deux billets de retour pour Angoûleme.
Der / bee ay / duh / ruh tour / poor / On goo lem.

Which platform for Toulon?
Quel quai pour Toulon?
Kell / kay / poor / Too long?

Do I have to change?
Est-ce que je dois changer de train?
Ess sir / cuh / juh / doo ah / shonge ay / duh / tran?

Does this train stop at many stations?
Est-ce que ce train s'arrête à beaucoup de gares?
Ess sir / cuh / sir / tran / sah ret / ah / boe coo / duh / garr?

I wanted to get out at Biarritz.
Je voulais descendre à Biarritz.
Juh / voo lay / day sandra / ah / Bee ah ritz.

Where does this train go to, then?
Ce train va où, alors?
Sir / tran / va / oo, / ah law?

I know it's not the right ticket!
Je sais que ce n'est pas le bon billet!
Juh / say / cuh / sir / nay / pah / luh / bong / bee ay!

How much more?
Combien en plus?
Com bee an / on / ploos?

Do you accept Egyptian currency?
Est-ce que vous acceptez la monnaie égyptienne?
Ess sir / cuh / vooz / accept ay / la / moan nay / ay jeep see en?

On Foot *A Pied* **Ah / Pee ay**

Could you tell me the way to …?
Où est …?
Oo / ay …? (Literally, Where is?)

To which you will get a reply that sounds like:

Too / drew ah.
Tout droit.
Straight on.

Fet / urn / demi tour.
Faites un demi-tour.
Back that way.

La / prosh en / ah / goe ssh.
La prochaine à gauche.
Next left.

La / prosh en / ah / drew what.
La prochaine à droite.
Next right.

Say / loo ah / dee see.
C'est loin d'ici.
It's a long way from here.

Say / pah. *Sais pas.* (I) Dunno.

If you do not understand because of rural accents, try:

Can you draw it on this piece of paper?
Pouvez-vous le dessiner sur ce morceau de papier?
Poo vay voo / luh / duh see nay / sewer / sir / more so / duh / pap pee ay?

Can you show me where that is on this map?
Pouvez-vous me le montrer sur cette carte?
Poo vay voo / muh / luh / mon tray / sewer / set / cart?

Or better still:

Where can I get a taxi?
Où puis-je trouver un taxi?
Oo / poo eej / true vay / urn / taxi?

By Taxi   *En Taxi*   On / Taxi

Number 5, Rue Lafayette, please.
Numéro cinq, rue Lafayette, s'il vous plaît.
Noo may roe / sank, / roo / La fay yet, / seal / voo / play.

After which you should let the taxi driver expound on *le football* during which he will use the following quite a lot: **urn boot** – *un but,* a goal, **urn / are beet rer / foo** *un arbitre fou* – a mad referee, and **maird!** *merde!* – shit! when the traffic lights turn red.

By Car   *En Voiture*   **En / Voo ah tour**

I want to hire a car.
Je veux louer une auto.
Juh / vur / loo ay / oon / oh toe.

Do you have any other colours? Lilac does not match my wife's favourite blouse.
Avez-vous d'autres couleurs? Le lilas ne va pas bien avec le chemisier de ma femme.
Ah vay voo / doe trah / cool er? / Luh / lee la / nuh / va / pah / bee an / ah veck / la / shemise ee ay / duh / ma / fam.

Does the car have air conditioning?
Y'a t'il la climatisation?
Ee / at / eel / la / clee mat ease ah see on?

What type of petrol does the car use?
Quel carburant consomme cette auto?
Kell / car boo ron / con somme / set / oh toe?

| *Sans plomb* | **San plom** | Unleaded |
| *Super* | **Sue pair** | Super |

Could you fill her up, please.
Le plein, s'il vous plaît.
Luh / plan, / seal / voo / play.

I would like ten litres.
Servez moi dix litres.
Sair vay / moo ah / dee / lee trah.

Give me what you can for this amount of change.
Donnez moi ce que vous pouvez pour cette monnaie.
Donny / moo ah / sir / cuh / voo / poo vay / poor / set / moan nay.

Parking *Le Parking* **Luh / Park keen**

I do not understand the ticket machine instructions.
Je ne comprends pas la notice d'emploi pour la machine.
Juh / nuh / comp wrong / pah / la / notice / dom ploy / poor / la / machine.

Which slot?
Quelle fente?
Kell / font?

The machine does not work.
La machine ne fonctionne pas.
La / machine / nuh / fonk see own / pah.

The barrier will not go up.
La barrière ne se lève pas.
La / bar ee air / nuh / sir / lev / pah.

I cannot find my car.
Je ne trouve pas ma voiture.
Juh / nuh / troov / pah / ma / voo at your.

I don't remember the number.
Je ne me souviens pas de l'immatriculation.
Juh / nuh / muh / sue vee an / pah / duh / lee mat tree coo lassy on.

I will know it when I see it.
Je la reconnaîtrai quand je la verrai.
Juh / la / rur con net tray / con / juh / la / veray.

A terrine of fois gras is on the back seat.
Il y a une terrine de fois gras sur la banquette d'arrière.
Eel / ee / ah / oon / terrine / duh / foo ah / grah / sewer / la / bonk ett / darry air.

Car Trouble *En Panne* **On / Pan**

The keys are locked inside the car.
Les clefs sont enfermées dans la voiture.
Lay / clay / son / ton fair may / don / la / voo at your.

I have run out of petrol.
Je suis en panne d'essence.
Juh / sue wheeze / on / pan / deh sonce.

Where is the nearest garage for repairs?
Où est le garage le plus proche pour une réparation?
Oo / ay / luh / garage / luh / ploo / prosh / poor / oon / ray par assy on?

I have a puncture.
J'ai une crevaison.
Jay / oon / krev ay zon.

It will not start.
Il ne veut pas démarrer.
Eel / nuh / vur / pah / day ma ray.

The engine is overheating.
Le moteur chauffe.
Luh / moter / show ff.

How long will it take?
Combien de temps?
Com bee an / duh / tom?

How long?! *Combien?!* **Com bee an?!**

Can't you do it sooner?
Ne pouvez-vous pas le faire plus tôt?
Nuh / poo vay voo / pah / luh / fair / ploo / toe?

How much do I owe you?
Je vous dois combien?
Juh / voo / doo ah / com bee an?

Are you sure this is correct? My car is not a Rolls Royce!
Etes-vous sûr que ceci est exact? Ma voiture n'est pas un Rolls Royce!
Et voo / sewer / cuh / sir see / ate / eggs act? Ma / voo at your / nay / paz / urn / Rolls Royce!

Where can I hire a motor scooter?
Ou puis-je louer une mobylette?
Oo / poo eej / loo ay / oon / moby let?

Road Rage

I didn't know it was a one way street!
Je ne savais pas que c'est un sens unique!
Juh / nuh / savay / pah / cuh / say / urn / sons / oon eek!

How can I see the sign? There's a stupid van in the way!
Comment je peux voir le signe? Il y a une pute de camionnette devant!
Common / juh / purr / voo are / luh / seen? / Eel ee ah / oon / poot / duh / cam mee oh net / duh von!

What are you hooting at?
A qui tu klaxonnes?
Ah / key / t'you / klax own?

Why don't you learn to drive!
Pourquoi pas apprendre à conduire!
Poor coo ah / pah / ah pron dra / ah / con doo weir!

Choice words that may be shouted out of the window at you by impatient French motorists.

Sal low!	*Salaud!*	Dirty sod!
Con are!	*Connard!*	Plonker!
Am bay seal!	*Imbécile!*	Idiot!
Cock you!	*Cocu!*	Bastard! (Actually cuckold)
Sal / pay day!	*Sale pédé!*	Dirty old poofter!

To which you can always reply:

And the same to you!
Et ta mère!
Ay / ta / mare!

Getting a Bed

Five Star
There should be no need to speak French in a five star hotel. Receptionists, head waiters, waiters, barmen, bellboys and chambermaids usually speak English.

Four Star
There should be no need to speak French in a four star hotel. Recepionists, head waiters, and barmen usually speak English.

Three Star
There should be no need to speak French in a three star hotel. The receptionists should speak English, the head waiter probably speaks English, and other members of the staff will understand you enough to help you with any difficulties you may face.

Two Star
The receptionist may be under the impression that he or she speaks English, but in fact is quite unintelligible. Best to assume that no other staff speak English and arm yourself with phrase books to get what you really want.

One Star
The owner-manager loathes all foreigners and will deliberately not understand you so prepare the following phrases:

Do you have a room?
Avez-vous une chambre?
Ah vay voo / oon / shom bra?

I would like a double room for three nights.
Je voudrais une chambre à deux personnes pour trois nuits.
Juh / voo dray / oon / shom bra / ah / der / purse on / poor / true ah / noo ee.

Does it have two singles or one double bed?
Est-ce que c'est à deux lits ou à grand lit?
Ess sir / cuh / say / ah / der / lee / oo / ah / gron / lee?

At what time do you stop serving breakfast?
Jusqu'à quelle heure servez-vous le petit déjeuner?
Juice ka / kell / er / sair vay voo / luh / purty / day juh nay?

What are these charges for?
Ces suppléments sont pour quoi?
Say / sup lay mon / son / poor / coo ah?

But there are no phones in your rooms, and I have a mobile anyway.
Mais vous n'avez pas de téléphones dans vos chambres, et, en tout cas, j'ai un portable.
May / voo / navvy / pah / duh / tale lay phone ay / don / vo / shom bra, / ay, / on / too / ka, / jay / urn / port ah bluh.

No Star
This will be a guest house. The owner manager will genuinely not understand a word you say whether you use this phrase book or not, but try:

There is no light bulb in my room.
Il n'y a pas d'ampoule dans ma chambre.
Eel / knee / ah / pah / dom pool / don / ma / shom bra.

Is there a lavatory on the same floor, or is it at the bottom of the garden?
La toilette se trouve au même étage, ou au fond du jardin?
La / too ah let / sir / troov / oh / maim / ay tarj, / oo / oh / fon / dew / jar dan?

There is no toilet paper.
Il n'y a pas de papier hygiénique.
Eel / knee / ah / pah / duh / pap pee ay / eegee ay neek.

Does your wife cook garlic soup every night? Your kitchen is directly below my room.
Votre femme cui la soupe d'ail tout les soire? Votre cuisine est directement dessous de ma chambre.
Vot rah / fam / coo ee / la soup / dye / too / lay / sue are? / Vot rah / coo ee seen / ay / dee wreck tem on / duh sue / duh / ma / shom bra.

Is it a local custom to breed snails in the bidet?
C'est une coutume du pays d'élever les escargots dans le bidet?
Say / tune / coo tume / dew / pay ee / day luh vay / lays / ess cargo / don / luh / bee day?

Getting Service

At the Newsagent

Au Marchand de journaux
Oh / Marsh on / duh / joor no

Have you any maps of the city – town – district?
Avez-vous des cartes de la cité – de la ville – de l'endroit?
Ah vay voo / day / cart / duh / la / see tay – duh / la / veal – duh / lon drew ah?

Do you have this in English?
Avez-vous ceci en anglais?
Ah vay voo / sir see / on / on glay?

I'll take these postcards.
Je prendrai ces cartes postales.
Juh / pron dray / say / cart / poss tarl.

Do you have any nudie magazines?
Avez-vous des magazines érotiques?
Ah vay voo / day / magazine / air oh teek?

I wasn't stealing it, I just didn't want my wife to see I was buying it.
Je ne le volais pas. Je ne voulais pas que ma femme me voie l'acheter.
Juh / nuh / luh / vol ay / pah, / Juh / nuh / voo lay / pah / cuh / ma / fam / muh / voy / lash shirt ay.

At the Hair Stylist

Chez le Coiffeur **Shay / luh / Coo ah fur**

A shampoo and blow dry please.
Un shampooing et un séchage s'il vous plaît.
Urn / shompooing / ay / urn / say shahj / seal / voo / play.

Can you trim my hair?
Pouvez-vous me couper les cheveux?
Poo vay voo / muh / coo pay / lay / shur vur?

I would like to have my hair streaked.
Je voudrais me faire faire des mèches.
Juh / voo dray / muh / fair / fair / day / mesh.

Blonde – Brunette – Auburn – Green – Silver
Blonde – Brune – Châtain roux – Vert – Argenté
Blonde – Broon – Shat tan / roo – Vair – Are jon tay

Do you sell wigs?
Est-ce que vous vendez les perruques?
Ess sir / cuh / voo / von day / lay / pear rook?

At the Barber

Chez le Coiffeur **Shay / luh / Coo ah fur**

I'd like a little bit off the sides.
Je voudrais un petit peu coupé aux côtés.
Juh / voo dray / urn / purty / purr / coo pay / oh / coat ay.

Not too short.
Pas trop court.
Pah / tro / coor.

Quite short.
Assez court.
Ass say / coor.

Were you trained as a hairdresser in the army?
Vous avez fait votre apprentissage dans l'armée?
V'ooze / ah vay / fay / vot rah / ah pron tee sarge / don / lar may?

At the Post Office *A la Poste* **Ah / la / Pohst**

Stamps can also be bought at tobacconists and bars that have red cone-like signs hanging outside the premises. Post boxes are usually on a wall (small and yellow).

How much is a stamp for: …?
Combien coûte un timbre pour:…?
Com bee an / coot / urn / tambre / poor: …?

Britain *La Grande Bretagne* **La / Grond / Bret Anne yah**
United States *Les États Unis* **Lays / Ay tars / Oo knee**
Australia *L'Australie* **Low strah lee**

Will the package go today?
Est-ce que ce paquet partira aujourd'hui?
Ess sir / cuh / sir / pack ay / party rah / oh joor doo ee?

When will it get there?
Quand arrivera-t-il?
Con / ah reever at eel?

Don't you have any idea?
Vous n'avez aucune idée?
Voo / navvy / oh coon / ee day?

I wish to register this parcel.
Je veux envoyer ce paquet en recommandé.
Juh / vur / on voy yay / sir / pack ay / on / wreck oh mon day.

So which window do I go to then?
Alors quel guichet?
Ah law / kell / ghee shay?

I have just been there and they told me to come here!
J'étais là, et on m'a dit de venir ici!
Jay tay / la, / ay / on / ma / dee / duh / veneer / ee see!

The contents are fragile. Please be careful.
Le contenu est fragile. Faites attention, s'il vous plaît.
Luh / con ten you / ay / fradge eel. / Fet / at ton see on, / seal / voo / play.

It wasn't leaking before I handed it to you.
Le paquet ne coulait pas quand je vous l'ai donné.
Le / pack ay / nuh / cool ay / pah / con / juh / voo / lay / don nay.

Could I have it back please?
Pouvez-vous me le rendre?
Poo vay voo / muh / luh / ron drer?

At the Bank *A la Banque* **Ah / la / Bonk**

The cash point has swallowed my card.
Le distributeur automatique de billet m'a pris la carte.
Luh / dee stree booter / oh toe mat eek / duh / bee ay / ma / pree / la / cart.

I cashed money with it yesterday.
J'ai tiré de l'argent avec ma carte hier.
Jay / tea ray / duh / larj on / ah veck / ma / cart / ee air.

No, I do not think I have exceeded my limit.
Non, je ne crois pas que j'ai dépassé ma limite.
Non, / juh / nuh / croo ah / pah / cuh / jay / day pass say / ma / lee meet.

Then can you change these traveller's cheques?
Alors pouvez-vouz me changer ces chèques de voyage?
Ah law / poo vay voo / muh / shonge ay / say / sheck / duh / voy arj?

What is the rate of exchange?
Quel est le cours du change?
Kell / ay / luh / coor / dew / shonge?

Can I see the manager?
Est-ce que je pourrais voir le directeur?
Ess sir / cuh / juh / poo ray / voo are / luh / dee rector?

Could I ring my bank at home?
Est-ce que je pourrais téléphoner à ma banque dans mon pays?
Ess sir / cuh / juh / poo ray / tay lay phone ay / ah / ma / bonk / don / mon / pay ee?

Where do I sign?
Je signe où?
Juh / seen ya / oo?

Getting Something to Eat and Drink

Fast Food

A hamburger	*Un hamburger*	**Urn / om boor gurr**
A hot dog	*Un hot dog*	**Urn / ot / dog**
A pancake	*Une crêpe*	**Oon / craip**
An ice cream	*Une glace*	**Oon / gluss**

Toasted cheese and ham sandwich.
Croque Monsieur.
Crock / Miss sewer.

Ditto (plus fried egg).
Croque Madame.
Crock / Mad dam.

What choice of cakes do you have?
Quel choix de pâtisserie avez-vous?
Kell / shoo ah / duh / pat tea sir ree / ah vay voo?

I would like a sandwich of: ham – cheese – smoked salmon.
Je voudrais un sandwich au: jambon – fromage – saumon fumé.
Juh / voo drays / urn / sond witch / oh: / jom bong – from marge – so mon / foo may.

Small	*Petit*	**Purty**
Medium	*Moyen*	**Moy an**
Large	*Gros*	**Grow**

A black coffee, please.
Un café noir, s'il vous plaît.
Urn / caff ay / noo are, / seal / voo / play.

Coffee with milk.
Café au lait.
Caff ay / oh lay.

Tea with milk.
Un thé avec du lait.
Urn / tay / ah veck / dew / lay.

Could I have more sugar?
Pouvez-vous me donner encore du sucre?
Poo vay voo / muh / don nay / on core / dew / souk rer?

Fresh orange juice *Orange pressé* **Oh ronge / press say**
Fresh lemon juice *Citron pressé* **See tron / press say**

I'll have a beer, please.
Donnez-moi une bière, s'il vous plaît.
Donny moo ah / oon / bee air, / seal / voo / play.

A glass of red wine.
Un ballon de rouge.
Urn / bal long / duh / rooj.

A glass of white wine.
Un ballon de blanc.
Urn / bal long / duh / blong.

I'll have another one. *Encore.* **On core.**

A glass of mineral water – sparkling – still.
Un verre d'eau minéral – gazeuse – sans gaz.
Urn / vair / doe / mean ay ral / – gaz erz – son gaz.

Essential Questions to Waiters

Waiter *Garçon* **Gar song**
Waitress *Mademoiselle* **Madder moo ah zell**

Could you recommend a good local wine?
Pouvez-vous me recommander un bon vin du pays?
Poo vay voo / muh / rur come on day / urn / bong / van / dew / payee?

What is the local dish?
Quelle est la specialité regionale?
Kell / ay / la / spes see alley tay / rej on arl?

Have you any bicarbonate please?
Avez-vous du bicarbonate s'il vous plaît?
Ah vay voo / dew / bee car boe naht / seal / voo / play?

The bill please.
L'addition s'il vous plaît.
Lad dee see on / seal / voo / play.

Is the tip included?
Le service est compris?
Luh / sair veece / ay / kom pree?

I do not think that this is correct.
Ceci n'est pas exact.
Sir see / nay / pah /eggs act.

I did not have this item. / We did not have this item.
On n'a pas mangé ceci. / Nous n'avons pas mangés ceci.
On / nah / pah / monge ay / sir see. / Noo / nav on / pah / monge ay / sir see.

I would like a doggy bag. (There is no equivalent in French, so you ask for the 'remainders' for your dog – if you dare.)
Je voudrais les restes pour mon chien.
Juh / voo dray / lay / rest / poor / mon / she an.

There is no need to use that tone of voice.
Ne me parlez pas comme ça, s'il vous plaît.
Nuh / muh / pah lay / pa / com / sar, / seal / voo / play.

Slow Food

| Lunch | *Déjeuner* | **Day jur nay** |
| Dinner | *Dîner* | **Dee nay** |

I will sample your seven course menu.
Je vais goûter votre menu à sept plats.
Juh / vay / goo tay / vot rah / men new / ah / set / plah.

For the hors d'oeuvre I will have liver pâté.
Comme hors d'oeuvre je veux le foie gras.
Com / or / durve / juh / vur / luh / foo ah / grah.

For soup I'll try the Green Turtle laced with Sherry.
Pour potage j'essayerai la Tortue Verte au Sherry.
Poor / pot tarj / jess say array / la / Tort you / Vairt / oh / Shay ree.

For the fish course I'd like the Filet of Sole garnished with crayfish purée.
Pour le poisson le Filet de Sole Nantua.
Poor / le / poo ah son / luh / Fee lay / duh / Sole / Non t'you ah.

And Truffled Pheasant to follow.
Et le Filet de Volaille aux Truffes pour suivre.
Ay / luh / Fee lay / duh / Vol lay / oh / Troof / poor / sue weave rer.

That, with French beans in a rich cream sauce on the side.
Cela, avec les Haricots Verts à la crème.
Sir la, / ah veck / lay / Ah reek oh / Vair / ah / la / crem.

A champagne sorbet on the house? Certainly.
Un sorbet au Champagne aux frais de la maison? Bien sûr.
Urn / sorbet / oh / shom pa knee uh / oh / fray / duh / la / may son? / Bee an / sewer.

Then your rump steak bathed in a shallot, tarragon, chervil, thyme, bay leaf, white wine, yolk of egg, cayenne pepper and lemon juice sauce.
Et puis un rumpsteak sauce Béarnaise.
Ay / poo ee / urn / romp steak / sauce / Bear naze.

After that, a few of your excellent cheeses.
Ensuite, quelques-uns de vos excellents fromages.
On sweet, / kell curs urn / duh / vose / excel long / from marge.

And a meringue with wild strawberries and whipped cream to finish.
Et une meringue avec les fraises du bois et crème chantilly pour finir.
Ay / oon / muh rang / ah veck / lay / phrase / dew / boo ah / ay / crem / shon tea yee / poor / fee near.

I've changed my mind. I'll have what she's having.
J'ai changé d'ideé. Je veux le plat qu'elle a.
Jay chonge ay / dee day. / Juh / vur / luh / plah / kell / ah.

Having Fun

Sight-Seeing

Visiter les Monuments **Vee seat ay / lay / Mon you mon**

At what time does the Louvre shut?
Le Louvre ferme à quelle heure?
Luh / Loo vrer / fairm / ah / kell / er?

Where is the Mona Lisa?
Où est la Joconde?
Ooo / ay / la / Jock kond?

No, I have not read the Da Vinci Code!
Non, je n'ai pas lu Le Code Da Vinci!
Non, / juh / nay / pah / loo / luh / code / da / vince see!

I would like a ticket for Monet's garden at Giverny.
J*e voudrais une entrée au jardin de Monet à Giverny.*
Juh / voo dray / oon / on tray / oh / jar dan / duh / Moan ay / ah / Jeeve air knee.

But I do not wish to join a tour.
Mais je ne veux pas faire partie d'une visite guidée.
May / juh / nuh / vur / pah / fair / part tee / durn / vee seat / ghee day.

Do you have a towel? I fell into the lily pond.
Avez-vous une serviette? Je suis tombé dans l'étang.
Ah vay voos / oon / sair vee ett? / Juh / sue we / tom bay / don / lay ton.

How high is the Eiffel Tower?
Quelle est la hauteur de la Tour Eiffel?
Kell / ay / la / oh tur / de / la / Tour / Ee fell?

No, I have never suffered from vertigo before.
Non, je n'ai jamais eu le vertige avant.
Gnaw, / juh / nay / jah may / ur / luh / vair teage / ah von.

I am in Avignon but I cannot find the bridge.
Je suis à Avignon mais ne peux pas trouver le pont.
Juh / sue wheeze / ah / Ah veen neon / may / nuh / purr / pah / true vay / luh / pon.

Surely Notre Dame is open every day?
Notre Dame est quand même ouverte tous les jours?
Not rah / Damn / ay / con / mem / oo vair / too / lay / joor?

So where did Quasimodo live?
Alors, Quasimodo, où demeurait-il?
Ah law, / Quasimodo / oo / duh muh ate eel?

Enough culture. Which way to Disneyland?
Assez de culture. Quelle direction pour Disneyland?
Ass say / duh / cool ture. / Kell / dee wreck see on / poor / Disneyland?

At the Cinema *Au Cinéma* **Oh / See nay ma**

Is this film in English?
Ce film est en anglais?
Sir / film / ate / on / on glay?

Is it dubbed or are there subtitles?
C'est en version doubleé u y a-t-il des sous-titres?
Say / on / vair see on / doo blay / oo / ee / at eel / day / sue teet rah?

At the Theatre – Opera – Ballet – Concert

Théâtre – Opéra – Ballet – Concert
Tay art rah – Op ay rah – Ballay – Con sair

Box Office *Bureau de location* **Boo roe / duh / low car see on**
Stalls *Fauteuils d'orchestre* **Foe toy / door kes trah**
Circle *Premières* **Prer me air**
Gods *Troisièmes loges* **True ah see em / lowj**

I would like two seats for tonight.
Je voudrais deux places pour ce soir.
Juh / voo dray / der / plass / poor / sir / sue are.

I have been queueing for two hours and now you tell me there are no seats?
J'ai fait la queue pendant deux heures et maintenant vous me dites qu'il n'y a pas de places?
Jay / fay / la / cuh / pond on / ders / er / ay / man turn non / voo / muh / deet / keel / knee / ah / pah / duh / plass?

A very large man is sitting in my seat!
Un homme très costaud est assis dans ma place!
Urn / om / tray / koss toe / ate / ass ee / don / ma / plass!

Give me a programme please.
Donnez-moi un programme s'il vous plaît.
Donny moo ah / urn / programme / seal / voo / play.

Oh God! It's Macbeth in French!
Oh, mon dieu! C'est Macbeth en Francais!
Oh / mon / d'yer! / Say / Macbeth / on / Fron say!

At the Cabaret

Au Spectacle Erotique
Oh / Speck tackle / Air oh teak

Can we have a table closer to the stage?
Est-ce que on peut avoir une table plus près de la scène?
Ess sir / cuh / on / purt / ah voo are / oon / tar bluh / ploo / pray / duh / la / sen?

My friend would like to know if he can date the girls.
Mon ami voudrait savoir s'il peut draguer les filles.
Mon / am mee / voo dray / sah voo are / seel / purr / drag gay / lay / fee.

Could you send this note round to the red head?
Pouvez-vous donner ce mot à la rouquine?
Poo vay voo / don nay / sir / mow / ah / la / roo keen?

Here is a little something for you.
Voici un petit quelque chose pour vous.
Voo ah see / urn / purty / kell cuh / shows / poor / voo.

All right! All right! I can find my own way out.
Bien! Bien! Je peux trouver la sortie par moi même.
Bee an! / Bee an! / Juh / purr / true vay / la / sore tea / par / moo ah / maim.

At the Disco *Au Disco* **Oh / Disco**

My name is … What's yours?
Je m'apelle … Comment tu t'appelle?
Juh / map pell … / Common / t'you / tap pell?

What did you say?
Quoi?
Coo ah?

Sorry. Can't hear a thing!
Pardon. J'entend rien!
Pardon. / John ton / ree anne!

At the Club *Au Club* **Oh / Kloob**

For boys: *Pour les garçons* **Poor / lay / gar song**

Are you alone?
Respectful approach: *Vous êtes seule?* **Voos / ett / surl?**
Intimate approach: *Tu es seule?* **T'you / ay / surl?**
Rough approach: *T'es seule?* **Tay / surl?**

Do you come here often?
Tu viens ici souvent?
T'you / vee an / ee see / sue von?

Can I buy you a drink?
Je peux t'offrir quelque chose?
Juh / purr / toff rear / kell cuh / shows?

Give us a kiss.
Donne moi une bise.
Don / moo ah / oon / bees.

For girls: *Pour les filles* **Poor / lay / fee**

I am not alone. I'm with my boyfriend.
Je ne suis pas seule. Je suis ici avec mon ami.
Juh / nuh / sue we / pah / surl. / Juh / sue wheeze / ee see / ah veck / mon / am mee.

The big one with the ring through his nose.
Le grand avec un anneau dans son nez.
Luh / gron / ah veck / urn / anne oh / don / son / neigh.

At the Casino *Au Casino* **Oh / Casino**

Words to understand:

Arm pear	*Impair*	Odds
Pear	*Pair*	Evens
Rooj	*Rouge*	Red
Noo are	*Noir*	Black

Com bee an / voo lay / voo / day pon say?
Combien voulez-vous dépenser?
How much do you want to spend?

Fet / vo / jur.
Faites vos jeux.
Place your bets.

Ree an / nuh / va / ploo.
Rien ne va plus.
No more bets.

Too / vo / jur ton / seal / voo / play.
Tout vos jetons s'il vous plaît.
All your chips please.

We do not accept underwear in exchange for debts.
Nous n'acceptons pas les dessous pour les debts.
Noo / na sept on / pah / lay / duh sue / poor / lay / debt.

The manager has agreed that you can clean the casino for the next three nights.
Le directeur est d'accord, vous pouvez nettoyer le casino pour les trois prochaines nuits.
Luh / dee rector / ay / dack awe, / voo / poo vay / net toy yay / luh / casino / poor / lay / true ah / prosh en / noo ee.

At the Massage Parlour

Au Salon de Massage **Oh / Sal long / duh / Massage**

I would like a massage and sauna to follow.
Je voudrais un massage et un sauna après.
Juh / voo dray / urn / massage / ay / urn / sona / ah pray.

How much is the session?
C'est combien pour la séance?
Say / com bee an / poor / la / say once?

> True are noo ee.

Can you do that again?
Tu peux faire ça une fois de plus?
T'you / purr / fair / sar / oon / foo ah / duh / ploos?

I don't have any more money!
Je n'ai plus d'argent!
Juh / nay / ploo / darj on!

On the Beach *A la Plage* **Ah / lap large**

I would like a beach umbrella.
Je voudrais un parasol.
Juh / voo dray / urn / para sol.

Can I have a beach bed for the morning only?
Est-ce que je peux avoir un matelas seulement pour la matinée?
Ess sir / cuh / juh / purr / ah voo are / urn / matter lah / surly mon / poor / la / mat tea nay?

That is my towel, if you don't mind!
C'est ma serviette, si ça vous est égal!
Say / ma / sair vee ett, / see / sa / voo / ate / ay gal!

How much is a pedalo?
Un pédalo coûte combien?
Urn / pay da low / coot / com bee an?

Have you seen any jelly fish?
Avez-vous vus des méduses?
Ah vay voo / view / day / may dooze?

Could your little boy kindly play elsewhere?
Est-ce que votre petit garçon pourrait jouer ailleurs?

Ess sir / cuh / vot rah / purty / gar song / poo ray / joo ay / eye er?

Of course I've water skied before.
Bien sûr que j'ai fait du ski aquatique
Bee an / sewer / cuh / jay / fay / dew / ski / aqua teak.

Can you bring the stretcher closer?
Pouvez-vous faire avancer le brancard?
Poo vay voo / fair / ah von say / luh / bron car?

Shopping *Faire les courses* **Fair / lay / course**

How much is this?
Cela coûte combien?
Sir la / coot / com bee an?

That's outrageous!
C'est ridicule!
Say / riddy cool!

Have you any other models of the Eiffel tower?
Avez-vous d'autres modèles de la tour Eiffel?
Ah vay voo / dote rer / mod dell / duh / la / tour / Eee fell?

I would like one a metre high in pink plastic.
J'en voudrais une d'un mètre de grandeur en plastique rose.
Jon / voo dray / oon / durn / met rr / duh / gron duh / on / plass teak / raws.

I bought this yesterday. Can you change it?
J'ai acheté ceci hier. Pouvez-vous le changer?
Jay / ash shirt ay / sir see / ee air. / Poo vay voo / luh / shonge jay?

Is this your last poster of the Can-Can? It's rather badly torn between their legs.
Ceci est votre dernière affiche du Can-Can? Elle est assez déchirée entre leurs jambes.
Sir see / ay / vot rah / dare knee air / ah fish / dew / Can-Can? / Ell / ay / ass say / day she ray / ont rah / luh / jomb.

What day is the street market?
Quel jour est le marché aux puces?
Kell / joor / ay / luh / mar shay / oh / poos?

Is that your best price?
C'est votre meilleur prix?
Say / vot rah / may year / pree?

Then I'll leave it.
Alors je le laisse.
Ah law / juh / luh / less.

I'll take it after all.
Alors je l'achète après tout.
Ah law / juh / lash et / ah pray / too.

The Limoges box with the portrait of the Marquis de Sade.
La boîte de Limoges avec le portrait du Marquis de Sade.
La / boo what / duh / Lee mowj / ah veck / luh / poor tray / dew / Mah key / duh / Sard.

My intention was to buy a bottle of perfume. I was just having a quick squirt.
J'avais l'intention d'acheter une bouteille de parfum. J'essayais seulement un peu.
Javay / lan ton see on / dash shirt ay / oon / boot ay / duh / par fon. / Jess say ay / surly mon / urn / purr.

52

At the Boutique   *A la Boutique*   **Ah / la / Boutique**

May I try this on?
Est-ce que je peux essayer ceci?
Ess sir / cuh / juh / purr / ess say yay / sir see?

Where is the changing room?
Où est le vestiaire?
Oo / ay / luh / vest tea air?

I don't think this colour suits me at all.
Cette couleur ne me va pas.
Set / cool er / nuh / muh / vah / pah.

I don't want it thank you very much.
Je ne le veux pas, merci beaucoup.
Juh / nuh / luh / vur / pah, / mare see / boe coo.

It doesn't fit me.
La taille n'est pas juste.
La / tie / nay / pah / juiced.

It is too big; too small; too wide; too tight.
C'est trop grand; trop petit; trop large; trop étroit.
Say / tro / gron; / tro / purr tea; / tro / larj; / trope / ay true ah.

Miss! I can't get out of it.
Mademoiselle! Je ne peux pas me l'enlever.
Madder moo ah zell! / Juh / nuh / purr / pah / muh / lon luh vay.

Don't worry. I will pay for the damage.
Ne vous inquiétez pas. Je vous payerai les dégâts.
Ne / v'ooze / an key ay tay / pah. / Juh / voo / pay yer ray / lay / day gah.

53

Sex *Sexe* Sex

Mature Male to Mature Female:

Would you like to sleep with me tonight?
Voulez-vous coucher avec moi ce soir?
Voo lay voo / coo shay / ah veck / moo ah / sir / sue ah?

Mature Female to Gigolo:

I don't usually pay when young men take me out to dinner, but in your case I'll make an exception.
Normalement je ne paye pas quand un jeune homme m'invite à dîner, mais je ferai une exception dans ton cas.
Nor mal mon / juh / nuh / pay / pah / con / urn / jurn / om / man veet / ah / dee nay; / **may / juh / fur ay / oon / ex sep see on / don / ton / ka.**

Do you work out or is that your natural build?
Tu fais beaucoup d'exercice ou tu es vraiment costaud?
T'you / fay / boe coo / d'eggs air cease / oo / t'you / ay / vray mon / koss toe?

Is that it? So soon?
Ça y est? Si vite?
Sa / yay? See / veet?

Sugar Daddy to Nymphette:

Let me take you shopping, my little one.
Tu viens au magasin avec moi, mon chou chou (literally: little cabbage).
T'you / vee an / oh / mag as anne / ah veck / moo ah, / **mon / shoo / shoo.**

Are you on the pill?
Tu prends la pilule?
T'you / prong / la / peel yule?

Wait a minute. I'll just get my viagra.
Attends une minute, je vais chercher mon viagra.
Ah ton / oon / mee noot / juh / vay / share shay / mon / vee agra.

Young Stud to Bimbo:

Are you from around here?
T'es d'ici?
Tay / dee / see?

Like to show me the other local views?
T'aimerais me montrer d'autres panoramas locaux?
Tem er ray / muh / mon tray / doe trah / panorama / lock oh?

Shall we go?
On quitte?
On / keet?

All right darling? (Literally: How goes it?)
Ça va petite?
Sar / var / purr teet?

Little Minx to Young Stud:

Is that a baguette in your pocket or are you just happy to see me?
C'est une baguette dans ta poche ou tu es juste content de me voir?
Say / tune / bag get / don / ta / posh / oo / t'you / ay / joost / con ton / duh / muh / voo are?

Sweet Young Thing to Macho:

Leave me alone.
Laisse moi tranquille.
Less / moo ah / tron keel.

I don't fancy you.
Tu ne me plais pas.
T'you / nuh / muh / play / pah.

I warn you. I have a very contagious disease.
Vous voilà averti. J'ai une maladie très contagieuse.
Voo / voo ah la / avert tea. / Jay / oon / ma laddy / tray / con tarj years.

Public Notices You May Come Up Against

FERME	**Closed**
OUVERT	**Open**
RENSEIGNEMENTS	**Information**
INDICATEUR	**Timetable**
SOLDES	**Sale**
ASCENSEUR	**Lift/Elevator**
SORTIE	**Exit/Way Out**
SORTIE INTERDITE	**No Exit**
PASSAGE INTERDIT	**No Entry**
STATIONNEMENT INTERDIT	**No Parking**
INTERDIT DE SE BAIGNER	**No Bathing**
DEFENSE DE FUMER	**No Smoking**

POMPIERS	**Fire Brigade**
ARRETER	**Stop**
SENS UNIQUE	**One Way Street**
PASSAGE A PIETON	**Pedestrian Crossing**
PASSAGE A NIVEAU	**Level Crossing**
FEMMES	**Ladies**
HOMMES	**Gentlemen**
DEREGLE	**Out of Order**
EAU POTABLE	**Drinking Water**
LIBRE	**Vacant/Free**
OCCUPE	**Engaged/Occupied**
POUSSEZ	**Push**
TIREZ	**Pull**
LEVEZ	**Lift/Raise**
SONNEZ	**Ring**
NE PAS SE PENCHER	**Do Not Lean Out**
NE PAS TOUCHER	**Do Not Touch**
ATTENTION!	**Warning**
PRIVE	**Private**
DEFENSE D'ENTRER	**Keep Out**
GARDE AU CHIEN	**Beware of the Dog**
CHIEN MECHANT	**Vicious dog**

NB: 'C' on a tap does not mean Cold but *Chaud* – **Hot**
　　'F' (for *Froid*) is **Cold**

Phrases You May Hear

Cuh / voo lay voo?
Que voulez-vous?
What do you want?

Sa / na / ree an / ah / fair / ah veck / noo.
Ça n'a rien à faire avec nous.
That is not our concern.

Voo / duh vay / pay yay / ah / lav ons.
Vous devez payer à l'avance.
You must pay in advance.

Sa / nay / paz / assay.
Ça n'est pas assez.
That is not enough.

Voos / set / tro / tar.
Vous êtes trop tard.
You are too late.

Toot / no / shom bra – tah blur – / son / oh coo pay.
Toutes nos chambres – tables – sont occupées.
All our rooms – tables – are taken.

Urn / anne ston / seal / voo / play.
Un instant s'il vous plaît.
Wait a moment.

Rur vuh nay / ploo / tar.
Revenez plus tard.
Come back later.

Kess sir / cuh / voo / fet?
Qu'est-ce que vous faites?
What are you doing?

Vot rah / nom / seal / voo / play.
Votre nom s'il vous plaît.
Your name please.

Kess sir / cuh / voo / mavvy / dee?
Qu'est-ce que vous m'avez dit?
What did you say?

Key / ay / luh / prosh an; / la / prosh en?
Qui est le prochain (mas.); *la prochaine* (fem.)*?*
Who is next?

Luh / sair veece / nay / pah / kom pree.
Le service n'est pas compris.
Service is not included.

Voo / voo lay / kell / ay tarj?
Vous voulez quel étage?
Which floor do you want?

Juh / nuh / purr / pah / vooz / aid day.
Je ne peux pas vous aider.
I cannot help you.

Voo / vooz / et / trom pay / duh / noo may roe.
Vous vous êtes trompé de numéro.
You have the wrong number.

Ah vay vous / la / moan nay?
Avez-vous la monnaie?
Have you no change?

Nuh / muh / duh mon day / pah, / Juh / sue we / ay tron jay / moo ah maim.
Ne me demandez pas, je suis étranger moi-même.
Don't ask me, I'm a stranger here myself.

Last Words

See you later. *A tout à l'heure.* **Ah / toot / ah / lerr**.

See you sometime soon. *A bientôt.* **Ah / bee an toe**.

Goodbye (temporarily). *Au revoir.* **Oh / rur voo are**.

Goodbye (for ever, with tears). *Adieu.* **Add yer**.

Would you say that again, but more slowly.
Répétez ça mais plus lentement.
Ray pay tay / sar / may / ploo / lont mon.

Does anyone here speak English?
Est-ce que quelqu'un ici parle l'anglais?
Ess sir / cuh / kell curn / ee see / parl / long glay?